*Schattenhüllen – Wie Formwandler in Mecklenburg unter uns leben
Ein Tatsachenbericht aus zehn Kapiteln
und über fünfzig Begegnungen*

FSC
www.fsc.org
MIX
Papier aus ver-
antwortungsvollen
Quellen
Paper from
responsible sources
FSC® C105338

Herold zu Moschdehner

Schattenhüllen – Wie Formwandler in Mecklenburg unter uns leben

Ein Tatsachenbericht aus zehn Kapiteln und über fünfzig Begegnungen

Bibliografische Information der Deutschen Nationalbibliothek
Die Deutsche Nationalbibliothek verzeichnet diese Publikation in der Deutschen Nationalbibliografie; detaillierte bibliografische Daten sind im Internet über http://dnb.d-nb.de abrufbar.

ISBN: 978-3-8192-6522-8

Copyright (2025) Herold zu Moschdehner
Verlag: BoD · Books on Demand GmbH,
Überseering 33, 22297 Hamburg,
bod@bod.de
Druck: Libri Plureos GmbH,
Friedensallee 273, 22763 Hamburg
Alle Rechte bei dem Autoren.

Vorwort

Wie alles begann – Wismar, Parkplatz, Gesichtsbiss

Ich weiß, wie das klingt. Und vermutlich schließen Sie dieses Buch gleich wieder, weil Sie denken, ich hätte zu viel geraucht oder nie damit aufgehört. Aber bitte: Lesen Sie diesen einen Abschnitt zu Ende – und entscheiden Sie erst danach.

Es war ein Mittwoch, später Nachmittag. Ich hatte in Wismar am Hafen geparkt, ein paar Einkäufe erledigt, nichts Besonderes. Als ich zurück zum Wagen ging, sah ich ihn schon. Ein Mann, seltsam aufrecht, aber doch irgendwie mechanisch in seiner Bewegung. Nicht alt, nicht jung, komplett neutral. Das Gesicht, und das ist keine Übertreibung, wirkte wie aus Gummi. Glatt, aber falsch gespannt. Nicht die Haut selbst war das Problem, sondern wie sie saß.

Er kam auf mich zu. Direkt, ohne Zögern, ohne ein einziges Wort. Und dann geschah es. Er beugte sich leicht nach vorne, griff mir mit beiden Händen an den Kopf und biss mir ins Gesicht. Kein Kampf, kein Gerangel. Es war ein einziger, gezielter Akt. Und das Schlimmste: Er nahm dabei etwas mit.

Ein Teil meiner rechten Wange, samt Haut, vielleicht sogar ein Stück Knochen, war einfach weg. Ich spürte keinen Schmerz, zumindest nicht sofort. Nur Kälte. Er rannte. Ich hinterher. Ich weiß nicht, warum. Wahrscheinlich war es Wut. Oder reiner Überlebenswille. Ich schrie. Ich griff nach einem Pflasterstein am Rand und wollte ihn ihm über den Rücken ziehen.

Doch in dem Moment, in dem ich ihn traf, war er keiner mehr. Er wurde zu Stein. Ich schwöre es. Zu einem Stück Granit, scharfkantig, warm. Ich spürte es noch, als meine Hand brach. Drei Mittelhandknochen, später bestätigt im Krankenhaus Wismar.

Dann passierte das Unglaublichste. Der Stein begann zu vibrieren. Nur leicht, wie ein Kühlschrankmotor. Dann zog er sich zusammen, schmolz in sich hinein, formte sich, wurde rundlich. Dann kantiger. Dann ein Auto. Ein silberner Golf, etwas älteres Modell. Die Türen klappten auf, dann zu. Die Lichter blinkten. Und als er davonfuhr, hörte ich ein Lachen. Dumpf, tief, irgendwie blechern, aber eindeutig menschlich.

Seit diesem Tag weiß ich, was ich vorher nur geahnt habe: Sie leben unter uns. Sie beobachten uns. Und sie haben längst gelernt, wie sie sich tarnen können. Als Mensch. Als Tier. Als Ding.

Die meisten haben nie Probleme mit ihnen. Aber manchmal, so wie ich, sieht man zu viel. Und dann nimmt man Schaden. Nicht nur körperlich. Dieses Buch ist meine Art, nicht zu verstummen. Es ist eine Sammlung von Hinweisen, Gedanken, Beobachtungen. Kein Schrei nach Aufmerksamkeit, sondern ein Protokoll. Denn wenn Sie jemals einem begegnen – und glauben Sie mir, das kann schneller passieren, als Sie denken – dann wollen Sie vorbereitet sein.

Sie glauben mir nicht? Ich hätte es an Ihrer Stelle auch nicht geglaubt. Aber sehen Sie sich mal die Narbe auf meiner Wange an.

Kapitel 1 – Die erste Spur

Nach dem Vorfall auf dem Parkplatz in Wismar wurde ich ins Krankenhaus gebracht. Drei gebrochene Mittelhandknochen, eine klaffende Wunde an der Wange und die ständige Frage, was genau passiert war. Ich sagte den Ärzten, es sei ein Unfall mit einem Pflasterstein gewesen. Und ich log dabei nicht einmal ganz. Die Wahrheit ließ sich mit Worten ohnehin nicht greifen. Wer hätte mir geglaubt. Ich wusste, was ich gesehen hatte. Und ich wusste auch, dass ich damit allein war.
Aber das blieb nicht lange so.
Zwei Wochen später, noch mit Verband und einer seltsamen Mischung aus Wut, Furcht und Neugier im Kopf, saß ich nachts an meinem Rechner. Ich suchte nicht nach Schmerzmitteln oder Therapieangeboten. Ich suchte nach Wahrheit. Ich tippte zum ersten Mal die Worte in die Suchmaschine, die mein Leben verändern sollten. Mann verwandelt sich in Auto. Natürlich erwartete ich Unsinn. Lustige Videos, Animationsclips, Werbung. Und genau das bekam ich auch.
Doch zwischen dem Lärm fand ich etwas. Ein Foreneintrag aus dem Jahr zweitausendacht. Die Seite war alt, vergilbt wie ein altes Papier. Ein Nutzer mit dem Namen Sputnik1971 schrieb dort über einen Einbrecher, der in Litauen versteinert sei. Der Täter sei plötzlich verschwunden, zurückgeblieben sei nur ein Stein, warm und zitternd. Beim Anheben sei er

auseinandergefallen wie feuchter Ton. Niemand konnte erklären, wo der Mann hin war.

Ich speicherte den Link, druckte die Seite aus, notierte die Uhrzeit. Es war mein erster Fund. Und es sollte nicht der letzte sein.

In den darauffolgenden Wochen wurde ich zum Beobachter. Ich begann, gezielt nach Zwischenfällen zu suchen, die niemand erklären konnte. Ich durchforstete Lokalzeitungen, Blogs, verschwundene Archivseiten, Threads in alten Diskussionsforen. Ich achtete auf Berichte von Menschen, die plötzlich verschwanden, sich seltsam verhielten, die sich nicht an Worte erinnern konnten, die sie kurz zuvor gesagt hatten. Ich suchte nach Körpern, die nie gefunden wurden, nach Kleidung ohne Besitzer, nach Stimmen auf Tonbandaufnahmen, die angeblich nicht menschlich waren.

Es war ein Nebel aus Fragmenten, aber mit der Zeit begannen sich Linien zu zeigen. Linien, die niemand gezogen hatte, aber die da waren. Und sie führten zu einem Muster.

Ich bemerkte, dass viele der beobachteten Personen in bestimmten Rollen auftauchten. Nicht irgendwelche Rollen. Es waren fast immer Personen, die maskiert, verhüllt oder abgeschirmt waren. Feuerwehrmänner, Laborpersonal, Straßenreiniger, Zusteller mit Kapuze, Menschen auf Umzügen mit Masken, Künstler, die sich bewegungslos als Statuen inszenierten. Es ging nie um das Gesicht. Es ging um das Verbergen des Gesichts.

Ich begann, Listen zu erstellen. Beruf, Ort, Auffälligkeiten. Ich notierte mir Details, die für andere belanglos waren. Wurde gesprochen oder nicht. Gab es Körperkontakt. Hatte die Person einen Geruch. Wirkte sie geerdet. Ich achtete auf Schatten, auf Reflexionen, auf Kamerafehler in Aufzeichnungen.

Nach vier Monaten hatte ich eine kleine Sammlung. Fünfundzwanzig Einträge, alle seltsam. Sie hätten als lose Fäden in der Welt verrotten können, aber sie verbanden sich. Die Einträge hatten eines gemeinsam: In jedem war der Mensch hinter der Maske nicht überprüfbar. Niemand hatte sie nach ihrer Schicht gesehen, niemand kannte ihre Vornamen. Keine Begegnung ließ sich zurückverfolgen. Sie tauchten auf, wirkten mit, verschwanden. Ohne Spuren. Ohne dass jemand es merkwürdig fand.

Dann, an einem verregneten Nachmittag, war ein Briefumschlag in meinem Briefkasten. Kein Absender. Nur mein Name, handschriftlich, aber wie nachgemalt. Innen lag ein USB-Stick, klein und schwarz. Ich schob ihn ein, zuerst zögerlich, dann entschlossen. Es waren fünf Dateien darauf. Zwei waren beschädigt, eine ließ sich nicht öffnen, aber eine war intakt. Das Video war nur sechsundvierzig Sekunden lang.

Ich erinnere mich an jedes Bild.

Zu sehen war eine Frau, vermutlich mit einem Handyfilmgerät. Sie stand auf der anderen Straßenseite. Vor ihr ein Gebäude, aus dem Rauch aufstieg. Feuerwehrleute vor Ort, Blaulicht, hektische Bewegungen. Einer der Männer, groß, in voller Montur, bewegte sich auf eine Tür zu. Die Frau filmte ihn. Plötzlich blieb er stehen, bewegte sich nicht mehr. Der Kollege rief etwas, aber es gab keine Antwort. Dann setzte sich der Mann wieder in Bewegung und trat durch die Tür. Einen Moment später flackerte das Bild. Als ob die Kamera kurz gestört wurde.

Dann kam aus dem brennenden Eingang kein Mensch, sondern eine schwarze, flache Masse, die sich wie ein flüssiger Schatten über den Boden bewegte. Sie rollte, zog sich zusammen, streckte sich, wurde kantiger. Dann sah man klar die Umrisse eines Fahrzeugs. Ein Löschfahrzeug. Es war exakt das gleiche Modell wie das, mit dem die Männer gekommen waren. Die Frau schrie. Dann war das Video zu Ende.

Ich wusste nicht, woher der Stick kam. Aber ich wusste, dass das keine Fälschung war. Die Details waren zu roh, zu zufällig. Kein Mensch baut so etwas nach, nur um jemanden wie mich zu erschrecken.

Das war der Moment, in dem ich beschloss, das alles aufzuschreiben. Ich hatte genug gesehen, gelesen, gespürt. Dieses Buch hier ist kein Roman. Es ist eine Sammlung. Ein Versuch, das zu ordnen, was niemand zuordnen will. Ich behaupte nicht, dass ich alles verstehe. Aber ich weiß, dass es Formwandler gibt. Und ich weiß, dass sie unter uns sind.

Sie leben in Tarnung. Und ihre Tarnung ist nicht aufwendig. Im Gegenteil. Sie ist funktional. Sie verkleiden sich nicht, weil sie uns täuschen wollen. Sie kleiden sich, um nicht zerfallen zu müssen. Denn was kaum jemand begreift: Die menschliche Form ist für sie anstrengend. Sie kostet Energie. Sie können sie nicht lange halten.

Deshalb wählen sie Hüllen. Schutzformen.
Kleidung, bei der niemand fragt, wie der Träger
darunter aussieht. Rollen, in denen man nicht
auffallen muss. In denen man keine Mimik zeigen
muss. Keine Stimme haben muss. Keine Wärme
ausstrahlen muss. Nur da sein. Kurz. Für den
Moment.
Ich nenne diese Hüllen Schattenformen. Sie
geben den Wesen die Möglichkeit, unter uns zu
leben, ohne zu zerbrechen. Und genau diese
Schattenformen habe ich über Jahre gesammelt,
beobachtet, beschrieben. Sie tauchen auf in
Berufen, in Ritualen, in Ausnahmesituationen.
Immer dort, wo der Mensch auf Distanz bleibt.
Im weiteren Verlauf dieses Buches werden Sie
diese Tarnungen kennenlernen. Sie werden
erfahren, wo sie auftauchen, wie sie sich
verhalten, was sie auszeichnet. Und Sie werden
lernen, auf Zeichen zu achten. Kleine Dinge.
Bewegungsmuster, Blickverhalten, Fehler in der
Kleidung, Energieabweichungen.
Ich sage nicht, dass Sie Angst haben sollen. Ich
sage nur, dass es Zeit ist, hinzusehen. Nicht jeder
mit Maske ist ein Formwandler. Aber kein
Formwandler ist ohne Maske.

Kapitel 2 – Der Imker
Summen im Schutzanzug – wenn die Maske Summen erzeugt

Ich sah ihn zum ersten Mal an einem frühen Morgen auf einer Landstraße bei Lübz. Die Felder lagen noch im Nebel, der Horizont war stumpf wie verwaschener Kalk. Am Rand der Landstraße stand ein Kleintransporter, weiß, ohne Logo, ohne erkennbare Markierung. Dahinter: Bewegung. Zuerst glaubte ich, es sei ein Arbeiter, vielleicht ein Landwirt. Doch dann sah ich den Anzug. Weißlich-gelblich, wie vergilbtes Papier. Dicker Stoff. Ein Schleier über dem Gesicht, hinter dem man nichts erkennen konnte. Die Figur bewegte sich langsam, aber in seltsam festen Mustern. Der rechte Arm hob sich alle acht Sekunden. Das linke Bein blieb leicht angewinkelt. Kein Summen von Bienen, keine hektische Aktivität. Nur die einsame Gestalt – bewegungsgleich, wie eine Uhrwerkfigur.
Ich fuhr vorbei, aber in mir blieb etwas hängen. Es war nicht nur die Kleidung. Es war die Art, wie sie nichts sagte. Keine Aura. Kein Geräusch. Kein Geruch. Kein Atem. Nur der Anzug.
Ein Imker.

Der Imker ist in unserer Vorstellung ein romantischer Rest der Naturverbundenheit. Der letzte stille Handwerker. Der, der mit dem Schwarm spricht, anstatt ihn zu kontrollieren. In ländlichen Gebieten sieht man sie gelegentlich in ihren weißen Anzügen, Schleier über dem Kopf, Handschuhe über den Armen. Sie wirken wie

Chirurgen des Draußen. Präzise, ruhig, isoliert. Kaum jemand spricht mit ihnen. Kaum jemand kennt ihre Namen. Meist arbeiten sie in der Abgeschiedenheit, kommen nur in Dörfer, um Gläser abzugeben oder Honig zu verkaufen. Ihre Arbeit ist abgeschlossen, bevor die anderen den Tag beginnen.
Für einen Formwandler, der Energie sparen muss, ist der Imker eine nahezu perfekte Tarnung. Und zwar aus fünf Gründen:

1. **Gesichtslosigkeit durch Schleier**
2. **Körperschutz durch dicke Kleidung und Handschuhe**
3. **Isolation als Berufsnorm**
4. **Abgeschiedenheit der Einsatzorte**
5. **Symbolische Unantastbarkeit durch Nähe zur Natur**

Während der gewöhnliche Mensch sich fragt, warum er selbst sich nicht mehr so erdet wie diese Menschen, kann ein Formwandler sich darin verbergen – in genau diesem Bild der Erdung. Und das hat System.

Nach dem Vorfall in Wismar begann ich, gezielt nach Berichten zu suchen, in denen Imker auffällig wurden. Dabei fand ich wenig. Was an sich schon verdächtig war. Es gibt kaum Polizeimeldungen zu Imkern. Keine Anzeigen wegen seltsamen Verhaltens. Keine Diebstähle, keine Konflikte. Sie sind nahezu unsichtbar im Register der Behörden.

Doch dann fand ich eine Reihe von kuriosen Meldungen, die nie Imker direkt betrafen, aber in deren Umfeld auftraten:

In einem kleinen Dorf in Nordpolen verschwanden im Jahr zweitausendzehn innerhalb einer Woche acht Bienenvölker aus acht unterschiedlichen Gärten. Kein Einbruch, keine Gewalt, keine Spuren. Nur jeweils ein leerer Kasten, penibel gesäubert, völlig steril. Die Besitzer sprachen von „Gestank nach Strom", wenn sie die Kästen öffneten. Drei Tage später sah eine Frau bei Sonnenaufgang eine weiße Gestalt, die durch den Nebel ging – aber ohne Bienen. Nur mit einer silbernen Kiste unter dem Arm. Der Fall wurde nie aufgeklärt.

Ein zweiter Fall aus Frankreich, Département Vosges: Dort filmte ein Vater mit seiner Tochter einen Spaziergang auf einer Wiese. Die Kamera zeigt ein friedliches Bild, Weite, Vogelgesang. Doch als sie eine Baumgruppe passieren, tritt eine Gestalt aus dem Gebüsch – Imkeranzug, Schleier, starrer Gang. Die Tochter fragt, warum der Mann keine Hände hat. Der Vater antwortet nicht. Im Video ist sichtbar: Die Gestalt hat zwar Ärmel, aber nichts, was aus ihnen herausragt. Keine Bewegung, kein Griff. Sie steht nur da. Drei Sekunden. Dann verlässt sie das Bild. Die Familie ist mittlerweile umgezogen. Der Ort wird gemieden.

Der dritte Fall kommt aus Thüringen. In der Nähe von Saalfeld berichteten Jugendliche, dass nachts auf dem Friedhof „ein Bienenzüchter" herumlief. Als sie ihn ansprachen, drehte er sich nicht um. Stattdessen verschwand er „zur Seite",

nicht nach hinten, nicht vorwärts – sondern einfach, Zitat, „als würde er sich in eine Linie auflösen". Die Polizei wurde nicht informiert. Der Bericht tauchte auf einem anonymen Blog für urbane Legenden auf.
Ich habe diese und viele weitere Hinweise gesammelt, archiviert und verglichen. Immer wieder taucht das gleiche Muster auf: Die Imker, die sich auffällig verhalten, lassen sich nie greifen. Kein Name. Keine Adresse. Keine Wiederholung am selben Ort. Sie erscheinen, vollführen eine Tätigkeit, die niemand genau beobachtet, und verschwinden wieder. Niemand stellt Fragen, weil niemand denkt, dass Fragen erlaubt sind.

Ein Imkeranzug verdeckt nicht nur das Gesicht. Er schafft eine Zone, in der alles Fremde als normal gilt. Wer sich in einem solchen Anzug bewegt, darf langsam sein, darf zögern, darf schweigen. Es wird ihm als Achtsamkeit ausgelegt. Als Expertise. Als Nähe zur Natur.
In Wahrheit ist es die perfekte energetische Tarnung. Ein Formwandler muss in dieser Hülle keine Haut projizieren. Keine Mimik simulieren. Kein Atmen nachahmen. Er muss nur die äußere Form aufrechterhalten. Die Farbe, die Proportionen, die Bewegung – mehr nicht.
Und es gibt Hinweise darauf, dass das Summen, das gelegentlich aus diesen Anzügen zu hören ist, nicht immer von Bienen stammt. In einer anonymen Sprachnachricht an mich berichtete ein Mann aus Ungarn, dass er beim Vorbeigehen an einem Imker „eine Stimme in einem Klang wie Strom" gehört habe, die nicht von außen kam,

sondern direkt im Kopf hallte. Er habe das Gefühl gehabt, dass der Imker nicht auf ihn reagiert habe, sondern auf etwas anderes. Auf eine Art Echo. Ein Befehl vielleicht. Die Nachricht brach nach drei Minuten ab. Ich habe ihn nie erreicht.

Ich glaube, dass viele der Formwandler die Rolle des Imkers für längere Aufenthalte nutzen. Die Natur bietet nicht nur Deckung. Sie ist ein Ort ohne Kameras, ohne Fragen. Niemand filmt einen Imker bei der Arbeit. Niemand stellt Fragen, wenn er still ist. Man geht sogar davon aus, dass er ungern gestört wird.
Manchmal frage ich mich, ob auch die Bienen selbst Teil dieser Tarnung sind. Ob sie nur nützliche Wesen sind – oder ob sie ebenfalls Träger sind. Oder Fühler. Oder vielleicht sogar Werkzeuge, mit denen der Formwandler Informationen speichert, überträgt oder verarbeitet. Die Idee ist verrückt. Aber nicht verrückter als das, was ich erlebt habe.
Was ich mit Sicherheit sagen kann: Der Imker ist nicht einfach nur ein Landmensch mit Honig. Er ist – bewusst oder unbewusst – ein idealer Schattenkörper für Wesen, die sich nicht lange als Mensch zeigen können. Er bietet Tarnung, Distanz, Respekt und Abgeschiedenheit. Und manchmal, wenn man genau hinsieht, sieht man sie. Die Momente, in denen die Hülle flackert. Wo ein Schritt zu leise ist. Wo ein Schatten nicht zur Sonne passt. Wo das Summen aus dem Schleier klingt wie ein fremdes Lachen.

Wenn Sie in ländlichen Gebieten einen Imker
sehen, halten Sie Abstand. Nicht aus Angst.
Sondern aus Vorsicht. Beobachten Sie, ob er mit
anderen spricht. Ob er jemals die Schleiermaske
abnimmt. Ob seine Bewegungen organisch
wirken. Und ob Bienen in seiner Nähe wirklich
fliegen – oder ob sie nur um ihn kreisen, wie
Drohnen ohne Herkunft.
Und noch ein Hinweis: Wenn Sie einen Imker
sehen, der bei Regen im Anzug steht – ohne
Bienen, ohne Gerätschaft – dann gehen Sie.
Langsam. Ohne sich umzudrehen.
Denn nicht alle Hüllen sind leer. Manche sind nur
voller Dinge, die wir nicht verstehen sollen.

Kapitel 3 – Der Feuerwehrmann
Flammenform und Tarnzone

Ich hatte nie Angst vor Feuer. Auch nicht in meiner Kindheit. Wenn etwas brannte – ein Osterfeuer, ein Lagerfeuer im Sommer, Kerzen auf dem Adventskranz – dann stand ich immer zu nah. Ich mochte das Knistern, das Zucken in der Luft, dieses unbestimmbare Geräusch, das entsteht, wenn Materie aufhört, Form zu haben. Vielleicht ist es kein Zufall, dass die Wesen, über die ich in diesem Buch berichte, genau diesen Ort wählen, um sich zu zeigen: Den Ort, an dem Form vergeht.
Die Feuerwehr ist eine Institution, der jeder vertraut. Helme, Anzüge, Schläuche, hektisches Rufen, metallische Geräusche. Wer sie sieht, ist erleichtert. Denn sie kommen, wenn etwas brennt. Wenn etwas gefährlich wird. Niemand schaut genau hin. Wer sich ihnen nähert, weicht aus, tritt zurück, macht Platz. Sie tragen Masken, Schutzkleidung, Funkgeräte – sprechen kaum, geben knappe Befehle, tauchen auf, verschwinden. Man merkt sich kein Gesicht. Nur das Geräusch der Sirene.
Für Formwandler ist diese Rolle ein Geschenk.

Meine erste bewusste Beobachtung machte ich bei einem Wohnungsbrand in der Nähe von Wittenberge. Ich war zufällig dort, nicht als Journalist, nicht aus Neugier – ich hatte einen Termin, und als ich über den Platz ging, sah ich die Rauchschwaden. Die Feuerwehr war schon

da. Ich blieb stehen, so wie viele andere auch.
Ich filmte nicht. Ich beobachtete.
Drei Männer standen an der Ecke des Hauses,
schwer bepackt. Sie schienen auf ein Signal zu
warten. Dann ging einer von ihnen zur Tür. Er hielt
kurz inne. Die Kollegen redeten, aber er reagierte
nicht. Er stand, fast eingefroren, für fünf Sekunden
in exakt derselben Haltung – wie eingefroren im
Frame eines Videos. Dann ging er hinein. Die Tür
klappte zu. Niemand folgte ihm.
Zehn Minuten später kam ein anderer
Feuerwehrmann aus dem Hinterhof. Gleiche
Größe, gleiche Statur, gleiches Gerät. Aber der
Helm war spiegelnd – die anderen hatten matte.
Ich wartete, bis der Einsatz vorbei war. Der Mann
mit dem spiegelnden Helm war nicht mehr
auffindbar. Er hatte sich angeblich
„abgemeldet". Niemand kannte seinen Namen.

Ich begann zu recherchieren. Und mir fiel auf: Bei
Großbränden, insbesondere solchen mit
chaotischem Einsatzverlauf, gibt es fast immer
einen Moment, in dem eine Person „dazu stößt",
die später nicht in Berichten oder
Aufzeichnungen auftaucht. Das kann ein Helfer
sein, ein zweiter Trupp, ein angeblicher Techniker.
In den offiziellen Protokollen ist dann von „nicht
dokumentiertem Personal" die Rede. Ein Begriff,
der in seiner Beiläufigkeit fast schon bewusst
übersehen werden will.
Ich stieß auf einen Fall in Salzburg. Im Jahr
zweitausenddreizehn brannte eine leerstehende
Lagerhalle. Augenzeugen berichteten von
„einem Mann mit goldenem Helm", der auf das

Gebäude zuging, während alle anderen zurückgewiesen wurden. Ein Video zeigt ihn für drei Sekunden – er bewegt sich nicht wie die anderen. Kein Rennen, kein Schauen, kein Sichern. Nur ein starrer Gang. Als das Feuer gelöscht war, fehlte der Mann. Er taucht weder in Einsatzberichten auf noch auf den internen Fotos der Feuerwehr. Das Video verschwand später aus dem Netz. Ich habe es gesichert. In meiner privaten Sammlung.
Ein zweiter Fall in Norwegen, Provinz Rogaland. Dort berichteten Kinder, dass „ein Feuerwehrmann im Wald stand" – ohne Einsatz, ohne Fahrzeug. Nur der Mann, mitten auf einer Lichtung. Sie rannten nach Hause, die Mutter glaubte ihnen nicht. Zwei Tage später kam es in eben diesem Waldstück zu einem Flächenbrand, dessen Ursache nie geklärt wurde. Spuren fanden sich keine. Nur ein geschmolzener Funkempfänger, der nicht zu den Geräten der örtlichen Wehr passte.

Warum ist der Feuerwehrmann so perfekt für die Tarnung?
Erstens: Der Anzug. Er verdeckt alles. Nicht nur den Körper, sondern auch die Energie. Die dicken Schichten reflektieren Hitze, dämpfen Geräusche, unterdrücken Eigenwärme. Wer in so einem Anzug steckt, wirkt selbst wie ein Werkzeug. Ein funktionaler Teil des Systems. Kein Individuum.
Zweitens: Der Helm. Viele Helme sind verspiegelt oder geschlossen. Das Gesicht ist nie sichtbar. Und selbst wenn es kurz erscheint, ist es

verschwitzt, verrußt, verzerrt. Niemand fragt nach Ähnlichkeiten. Niemand merkt sich Details.
Drittens: Das Verhalten. Feuerwehrleute sind autoritär. Kurz angebunden. Sie geben keine Auskunft, sondern Anweisungen. Wer sich ihnen nähert, wird weggeschickt. Sie bewegen sich schnell, zielgerichtet, ohne jede emotionale Offenheit. All das ist ideal für Wesen, die menschliche Interaktion nicht imitieren können oder wollen.
Viertens: Der Lärm. Sirenen, Schläuche, Funksprüche, knisternde Flammen – ein ideales akustisches Umfeld, um fehlerhafte Bewegungen, Stimmverzerrungen oder fremdartige Geräusche zu verschleiern.
Fünftens – und das ist vielleicht das Entscheidende: Das Vertrauen. Wer die Uniform trägt, wird nicht verdächtigt. Selbst wenn er stumm ist. Selbst wenn er nie zurückkehrt. Niemand denkt bei einem Feuerwehrmann an Täuschung. Und genau deshalb ist diese Tarnung so gefährlich.

Ich erhielt vor einigen Jahren eine E-Mail von einem ehemaligen Feuerwehrmann aus Mecklenburg, der anonym bleiben wollte. Er schrieb mir nur ein paar Zeilen, aber ich zitiere sie hier vollständig:
„Ich war bei einem Einsatz in einem alten Sägewerk. Viel Rauch. Wir hatten Sichtweite unter zwei Metern. Plötzlich war da jemand bei mir, ohne dass er aus meiner Richtung gekommen wäre. Ich dachte, er sei aus unserer Truppe. Er sagte nichts. Stand nur da. Als ich wieder nach

draußen kam, fragte ich, wer da bei mir war. Niemand wusste etwas. Später, beim Umziehen, fanden wir einen Helm, den keiner zuordnen konnte. Er war innen völlig trocken."
Ich schrieb zurück. Ich fragte nach Details. Nach Ort, Datum, Schilderungen. Es kam nie eine Antwort. Die Adresse existierte bald nicht mehr.

Ich glaube, dass Formwandler bei Bränden nicht nur tarnen, sondern auch agieren. Sie nutzen das Chaos, um Daten zu sammeln. Vielleicht analysieren sie die Reaktionen der Menschen, vielleicht testen sie Materialverhalten. Vielleicht untersuchen sie die Hitze selbst – als Energieform oder Resonanzfeld.
Was mich besonders beschäftigt, ist die Theorie, dass sie durch Flammen nicht verletzt werden. Dass sie darin existieren können, ohne zu verbrennen. Ich kenne drei Fälle, in denen angeblich „ein Mann in der Flamme stand". In einem dieser Fälle wurde ein Foto geschossen – es zeigt eine Silhouette inmitten einer Feuerwand. Die Beine leicht geöffnet, die Arme still, der Kopf aufrecht. Kein Anzeichen von Bewegung. Kein Schutzanzug. Nur Schatten im Feuer.
Viele halten dieses Bild für eine Fehlbelichtung. Vielleicht ist es das. Aber vielleicht ist es auch ein Moment, in dem die Hülle nicht mehr nötig war. Vielleicht war es der Augenblick, in dem ein Wesen kurz seine echte Form zeigen konnte – geschützt durch die Flammen, die wir fürchten und die es vielleicht nährt.

Ein Detail, das in den letzten Jahren immer wieder auftaucht, ist die stille Kommunikation. Feuerwehrleute sprechen über Funk. Doch bei einigen Einsätzen, so wird berichtet, reagierten Einzelne ohne ersichtlichen Funkkontakt. Sie drehten sich um, gingen los, führten Handlungen aus, ohne dass vorher ein Befehl übermittelt worden war. Die Kollegen halten es für Intuition. Oder Routine. Aber ich halte es für etwas anderes.
Eine Form von direkter Übertragung. Vielleicht über Schwingungen. Vielleicht über Magnetfelder. Vielleicht über etwas, das wir nicht benennen können. Ich weiß nur, dass dieses Verhalten sich häuft – und dass es ausschließlich bei Einsätzen unter extremen Bedingungen auftritt.

Wenn Sie einmal Zeuge eines Brandes werden und Feuerwehrleute beobachten, achten Sie auf folgende Dinge:
– Gibt es jemanden, der nicht spricht, nicht gestikuliert, nicht reagiert?
– Gibt es ein Teammitglied, das allein geht, ohne Aufgabe, ohne Rückmeldung?
– Gibt es Unstimmigkeiten in den Uniformen – andere Farbe, anderer Glanz, ungewöhnliche Struktur?
– Gibt es Personen, die sich auflösen, sobald der Einsatz endet?
Fragen Sie nicht direkt. Aber beobachten Sie.
Und vor allem: Sehen Sie, ob jemand dabei ist, der nicht dazugehört – und den trotzdem niemand vermisst.

Der Feuerwehrmann ist nicht der Feind. Aber er ist
ein mögliches Gefäß. Ein Werkzeug. Eine Form.
Und wenn ein Wesen, das seine Form nicht lange
halten kann, nach einer Hülle sucht, dann wählt
es vielleicht genau diese: schwer, verlässlich,
autoritär, geschützt.
Ich fürchte, wir haben ihnen genau diese Form
selbst geschenkt. Wir haben sie gebaut, genormt,
respektiert. Und nun nutzen sie sie. Im Lärm. Im
Rauch. Im Vertrauen.
Und vielleicht war das nie ein Zufall.

Kapitel 4 – Der Paketzusteller
Gesichtslos an der Schwelle

Es war mitten im Lockdown. Frühling, aber grau. Die Straßen leer, die Fenster beschlagen. Ich wohnte damals in einer Nebenstraße in der Nähe von Gadebusch. Alles war still, wie betäubt. In dieser Zeit fielen die Paketzusteller mehr auf als sonst. Sie waren die einzigen, die sich bewegten. Gelbe Wagen, braune Kappen, graue Kapuzen, das Summen von Scannern und der kurze Ton der Türklingel – das waren oft die einzigen Lebenszeichen an einem Tag.
An diesem Nachmittag beobachtete ich einen Zusteller, der mehrfach durch dieselbe Straße fuhr. Zuerst dachte ich, er habe sich verfahren. Aber es war kein Navigationsfehler. Er parkte immer wieder an exakt derselben Stelle, stieg aus, stand still, blickte nicht nach links oder rechts. Beim vierten Mal klingelte er bei meiner Nachbarin. Ich beobachtete ihn von oben. Er hielt das Paket nicht hoch, sondern tief vor dem Körper, als würde er es verstecken. Als sie öffnete, drehte er sich leicht zur Seite – so, dass sie ihn kaum sehen konnte. Das Paket wurde abgestellt, nicht übergeben. Kein Wort fiel. Dann stieg er wieder ein.
Drei Tage später fragte ich die Nachbarin beiläufig, ob sie ein Paket erhalten habe. Sie sagte ja – und dass es ein Irrtum gewesen sei. Darin war nichts. Nur eine Plastiktüte mit einem metallischen Geräusch, kein Absender, kein Etikett. Sie habe es weggeworfen.

Der Paketzusteller ist ein Phänomen unserer Zeit. Schnell, effizient, namenlos. Er ist Teil unseres Alltags, aber kaum jemand kennt ihn wirklich. Seine Gesichter verschwimmen, seine Uniformen ähneln sich, sein Verhalten ist standardisiert. Er spricht wenig, bleibt nie länger als nötig. Er kommt nicht, um zu bleiben. Er kommt, um zu liefern.

Für einen Formwandler ist diese Rolle ideal. Und das hat mehrere Gründe.

Erstens: Die Kleidung. Mütze, Kapuze, manchmal sogar Maske – alles wirkt wie Teil einer Norm. Niemand fragt, warum das Gesicht nicht sichtbar ist. Niemand verlangt ein Lächeln. Es reicht, wenn das Paket ankommt.

Zweitens: Die Bewegung. Paketzusteller sind immer in Eile. Wenn sie stillstehen, ist das ungewöhnlich. Sie dürfen schweigen, eilen, übersehen werden. Wer sie bemerkt, ist meist genervt. Wer sie nicht bemerkt, hat sie genau so, wie sie sein sollen: schnell, stumm, spurlos.

Drittens: Die Masse. In Städten sind täglich Hunderte unterwegs. Verschiedene Firmen, unterschiedliche Outfits, ähnliche Gesten. Ein einzelner zusätzlicher Zusteller fällt nicht auf – selbst wenn sein Wagen kein Kennzeichen hat. Selbst wenn er keine Lieferliste mitführt.

Viertens: Die Nähe zum Menschen. Der Moment der Zustellung ist eine Grenzsituation. Tür an Tür. Die Schwelle zwischen Welt und Zuhause. Es ist der einzige Augenblick, in dem ein Fremder legitim direkt vor einem steht. Man öffnet. Man sieht ihn an. Und glaubt, es sei jemand, der einfach seiner Arbeit nachgeht.

Aber was, wenn nicht?

Ich sammelte Hinweise auf seltsame
Paketzusteller. Die Fälle sind rar – oder besser
gesagt: sie wirken harmlos. Doch bei genauerem
Hinsehen häufen sich die Abweichungen.
In einem Fall aus Niedersachsen berichtete eine
Frau, dass ein Zusteller bei ihr klingelte, obwohl sie
nichts bestellt hatte. Er hielt ihr ein kleines Paket
hin. Als sie sagte, es sei ein Irrtum, blieb er still. Sie
wollte das Paket nicht annehmen. Er stellte es ab,
nickte einmal – und drehte sich dabei vollständig
mit dem Oberkörper, ohne die Beine zu
bewegen. Eine Bewegung, die sie später als
„unmenschlich fließend" beschrieb. Als sie ihn
weiter ansah, hob er den Kopf nicht. Er verließ
den Hof, ging die Einfahrt hinab – aber es gab
keine Fahrzeuggeräusche. Das Paket war leer.
Ein anderer Fall stammt aus einer Vorstadt von
Lyon. Dort wurde ein Zusteller gefilmt, wie er über
fünf Minuten lang reglos vor einer Tür stand, ohne
zu klingeln. Als der Bewohner öffnete, sagte der
Mann nichts, hielt das Paket hoch und zeigte auf
das Türschild. Doch er sprach nicht. Kein Ton, kein
Nicken. Er stellte das Paket hin und ging rückwärts
zurück zum Fahrzeug. Auf dem Video sieht man:
Der Wagen fuhr nie weg. Er verschwand.
In Berlin fand ein Mann auf seiner
Überwachungskamera, dass jemand im Zusteller-
Outfit gegen Mitternacht an der Tür stand. Er
klingelte nicht. Er stand einfach da. Fünf Minuten
lang. Dann entfernte er sich rückwärts, blickte
aber weiter auf die Tür. Am nächsten Morgen lag
vor der Tür ein Umschlag mit einer einzigen,

schwarz glänzenden Karte darin – ohne Zeichen, ohne Text. Nur ein geprägter Punkt in der Mitte. Der Mann zog aus.

Ich stellte fest: Die Tarnung als Paketzusteller ermöglicht eine extreme Nähe bei gleichzeitiger Anonymität. Der Formwandler muss nicht sprechen, nicht erklären, nicht reagieren. Er darf schweigen, sich entfernen, abweichen. Die Menschen entschuldigen diese Abweichungen mit Stress, mit Überarbeitung, mit hoher Taktzahl. Aber ich glaube: Es sind genau diese „Fehler", die keine sind. Es sind Abwesenheiten von Menschlichkeit, die nicht zufällig sind. Sie sind notwendig – weil die Wesen, die diese Form tragen, gar nicht fähig sind, mehr zu leisten. Sie bewegen sich innerhalb der Hülle. Sie ahmen das Wesentliche nach. Kleidung, Paket, Bewegung. Doch es gibt Schwächen.

Ein wiederkehrendes Muster ist der Blickkontakt. Viele Berichte beschreiben, dass der Paketzusteller die Augen vermeidet. Oder dass seine Augen hinter dem Schatten der Kappe nie sichtbar sind. Ein älterer Mann aus Brandenburg schrieb mir, dass er „in ein schwarzes Loch geschaut" habe, als er dem Zusteller ins Gesicht blickte. Er meinte damit nicht eine Metapher. Er meinte es wörtlich. Kein Lichtreflex. Keine Struktur. Nur Leere.
Ein zweites Muster ist das Gewicht der Pakete. Mehrfach wurde mir berichtet, dass Zusteller scheinbar schwere Pakete trugen, die beim Auspacken vollkommen leer waren. Keine

Füllung, kein Gewicht, keine Versandspuren. Und das Absurde: Die Pakete wirkten von außen gedrückt, als wären sie zuvor ausgepackt worden – aber sie waren versiegelt.
Drittens ist der Gang auffällig. Viele Betroffene beschreiben einen „leisen, zu regelmäßigen Schritt", ein fast gleitendes Gehen, das an alte Aufnahmen von Astronauten erinnert. Der Fuß setzt nicht ab, er schwebt. Das Geräusch ist zu gleichmäßig, zu leise – und nie begleitet von Atem.

Ich glaube, dass Formwandler in der Rolle des Zustellers gezielt Daten sammeln. Sie dringen nicht in Häuser ein, aber sie positionieren sich an der Schwelle. Dort, wo der Mensch unbewusst seine Struktur preisgibt: Geruch, Stimmlage, Blickverhalten, Umgebung. Alles wird gescannt – visuell, akustisch, vielleicht sogar energetisch. Und manchmal, da bin ich sicher, übergeben sie keine Pakete, sondern Impulse. Kleine Dinge, die nicht materiell sind. Vielleicht elektromagnetische Felder. Vielleicht Informationsreste. Vielleicht sogar Samen von etwas, das noch nicht geboren wurde.
Was in den leeren Paketen liegt, kann man nicht wiegen. Es ist nicht aus dieser Welt.

Ich selbst hatte dreimal Zusteller an der Tür, die ich bis heute nicht zuordnen kann. Einer trug eine dunkelgraue Weste ohne Logo. Ich bat ihn, das Paket abzustellen. Er tat es, ging aber nicht. Er stand noch vierzehn Sekunden still, die Arme lose am Körper, den Kopf leicht geneigt. Ich fragte,

ob alles in Ordnung sei. Keine Reaktion. Dann drehte er sich – und das war das Merkwürdigste – nach links, obwohl die Treppe rechts lag. Er ging nicht zur Straße. Er ging in den Garten. Und ich sah ihn nie wieder.
Ich habe das Paket nie geöffnet.

Wenn Sie das nächste Mal ein Paket empfangen, achten Sie auf folgende Dinge:
– Sieht das Gesicht normal aus? Oder sehen Sie es überhaupt?
– Gibt es Geruch? Geräusche?
– Ist der Schritt zu leise?
– Stellt der Zusteller das Paket zu nah oder zu weit von Ihnen entfernt ab?
– Ist das Paket logisch beschriftet?
Und am wichtigsten: Gibt es etwas in der Begegnung, das nicht passt – aber das Sie erst später merken?
Denn das ist ihre größte Stärke: Sie sind so normal, dass das Unnormale erst im Nachhinein auffällt. So wie ein leichter Ton, der erst stört, wenn er verstummt. Oder ein Schatten, der erst sichtbar wird, wenn er sich bewegt.

Der Paketzusteller ist nicht der Feind. Er ist die Hülle. Die Tarnform. Die Bewegung im Zwischenraum. Und wenn Sie glauben, Sie hätten ein Paket erhalten, dann prüfen Sie gut, was darin liegt.
Denn vielleicht war es keine Lieferung. Sondern ein Besuch.

Kapitel 5 – Die Statue
Bewegungslos im Blickfeld

Man sieht sie vor allem in den Städten. In den
Altstädten, auf den Plätzen, bei Festivals. Männer
und Frauen, bemalt, maskiert, in Metallfarben, mit
leeren Gesichtern. Sie stehen da. Still. Eine
Stunde. Zwei Stunden. Ohne zu blinzeln, ohne zu
zucken. Manche zittern leicht im Wind, andere
nicht einmal das. Es sind die sogenannten
lebenden Statuen. Ein eigenartiges
Kunstphänomen. Oder, wie ich es inzwischen
glaube: Tarnkapseln im öffentlichen Raum.
Die ersten Male schenkte ich ihnen keine
besondere Beachtung. Ich sah sie, war amüsiert,
wie alle anderen. Ich warf Münzen. Doch
irgendwann begann ich, sie systematisch zu
beobachten. Ich blieb länger stehen, als es
höflich ist. Ich wartete, bis die Touristen
weiterzogen. Und dann sah ich Dinge, die nicht
mehr zum Spiel passten.
Eine Statue, goldfarben, stand auf einem Sockel
in Leipzig. Neben ihr eine Schachtel für Münzen,
ein kleiner Schild: „Stillsein ist auch eine Form der
Kunst". Ich stand lange da. Nach zwölf Minuten
bemerkte ich, dass ihre Füße den Sockel nicht
ganz berührten. Millimeter, vielleicht zwei.
Schweben. Vielleicht ein Trick. Vielleicht. Aber
dann hob sie langsam den Kopf – obwohl kein
Mensch mehr in der Nähe war. Und ihre Augen
waren geöffnet. Ich hatte erwartet, Glaslinsen zu
sehen. Doch was ich sah, war schwarz.
Tiefschwarz. Kein Licht, keine Bewegung, kein
Punkt, an dem man sich festhalten konnte.

Lebende Statuen genießen eine Art Schutz in unserer Gesellschaft. Sie gelten als harmlos, als kreativ, als Teil der Straßenästhetik. Man lächelt über sie. Man bewundert ihre Disziplin. Aber man fragt nicht, wer sie sind. Sie zeigen keine Papiere, sie schweigen, sie tragen Masken. Und genau deshalb sind sie ideale Schattenhüllen.

Die Vorteile dieser Tarnung liegen offen vor uns:

1. **Vollständige Verkleidung**
   Metallfarbe, Perücken, Masken, Umhänge, Handschuhe – kein einziger Zentimeter Haut muss sichtbar sein. Selbst die Ohren sind oft bedeckt. Mimik ist ausgeschaltet. Der ganze Körper ist zur Oberfläche geworden.

2. **Bewegungslosigkeit als Rolle**
   Wer sich nicht bewegt, wirkt nicht verdächtig – sondern professionell. Jede Verzögerung, jedes Zögern, jede Unnatürlichkeit wird als Teil der Kunst angesehen.

3. **Schweigen als Prinzip**
   Statuen reden nicht. Niemand erwartet eine Antwort. Das erleichtert Tarnung erheblich, da Sprache eines der schwierigsten menschlichen Merkmale zum Imitieren ist.

4. **Isolation in der Masse**
   Obwohl sie mitten auf Plätzen stehen, sind sie psychologisch isoliert. Niemand nähert sich ihnen zu nah. Man wirft Geld, man macht ein Foto – aber man tritt selten in ihren Raum.

5. **Temporäres Erscheinen**

Sie tauchen auf, ohne Anmeldung. Und
sie verschwinden. Niemand kontrolliert, ob
sie am Vortag auch schon da waren.
Niemand fragt, wo sie schlafen, wo sie
duschen, wo sie essen.

Ich sammelte über die Jahre dutzende
Beobachtungen. Manche waren nur Ahnungen.
Andere waren deutlich. Besonders eine
Begegnung in Prag ließ mich nicht mehr los.
Ich war auf dem Altstädter Ring, es war gegen
Abend. Eine Figur in silber, aufwendig gestaltet,
stand wie eine mittelalterliche Wache vor einem
Hauseingang. Ich beobachtete sie eine halbe
Stunde. Während dieser Zeit passierte Folgendes:
– Sie bewegte sich kein einziges Mal.
– Kein einziges Insekt landete auf ihr, obwohl es
warm war.
– Ein kleines Kind versuchte sie zu berühren – und
stürzte rückwärts, ohne dass ein sichtbarer Impuls
von der Figur ausging.
– Ein Vogel flog auf sie zu – und drehte im letzten
Moment abrupt ab.
– Ein Tourist machte ein Foto – und berichtete
später, dass das Bild „verschwommen und
farblos" gewesen sei, obwohl alles andere im Bild
scharf blieb.
Ich folgte der Figur, als sie gegen neunzehn Uhr
ihr Podest verließ. Sie ging nicht, sie glitt. Ich blieb
auf Abstand. Sie bog in eine enge Gasse ab –
und als ich wenige Sekunden später nachkam,
war sie verschwunden. Keine Tür, kein Tor, kein
Eingang. Nur Steinwände und Stille.

In einem Forum für Straßenkünstler stieß ich auf
eine Diskussion, in der sich jemand mit dem
Namen „Observer73" meldete. Er behauptete,
dass es in Paris und Rom „Statuen gäbe, die keine
Künstler sind". Er schrieb: „Man erkennt sie daran,
dass sie keine Geldbox haben, keine Pause
machen und auch bei Regen stehenbleiben." Er
wurde daraufhin gesperrt. Aber sein Profil
existierte noch. Ich kontaktierte ihn. Keine
Antwort. Zwei Monate später war sein Account
gelöscht.
Ich erhielt jedoch unabhängig davon eine
Nachricht von einem italienischen
Straßenmusiker, der anonym bleiben wollte. Er
berichtete von einer Statue in Rom, die sich nie
bewegte – auch nicht bei Wind, bei Hitze, bei
Störungen. Sie stand täglich am selben Ort, aber
niemand hatte sie je kommen oder gehen sehen.
Als er sie eines Nachts verfolgte, beschrieb er
Folgendes:
„Sie stand noch. Ich wartete. Irgendwann war
niemand mehr da. Ich versteckte mich hinter
einer Litfaßsäule. Dann – ohne jede Bewegung –
begann sie zu flimmern. Nicht zu verschwinden,
sondern zu flimmern. Wie bei einem alten
Fernseher. Dann war sie plötzlich nicht mehr da.
Ich habe sie nie wieder gesehen. Aber an dem
Ort wächst seitdem nichts mehr. Kein Gras. Kein
Moos."

Was, wenn diese Statuen nicht nur Tarnungen
sind – sondern auch Antennen? Was, wenn sie
Signale sammeln? Was, wenn ihr Stillstand kein

Mangel an Energie ist, sondern Teil einer anderen Form von Wahrnehmung?

Ich vermute: Die Schattenhüllen in Statuengestalt sind Beobachter. Sie nehmen uns auf. Nicht wie Kameras, sondern wie Resonanzkörper. Sie messen nicht nur unser Verhalten, sondern vielleicht unsere Schwingungen, unsere inneren Zustände. Und sie tun das dort, wo wir glauben, unbeobachtet zu sein – mitten im Öffentlichen. Denn vor Statuen verhalten wir uns anders. Entspannter. Spielerischer. Wir posieren. Wir lachen. Wir entblößen uns – nicht physisch, sondern energetisch. Und genau das macht uns transparent.

Ein weiterer Hinweis kommt aus einem Museum. In einem Nebensatz einer internen E-Mail, die mir anonym zugespielt wurde, stand: „Statue aus Halle B reagierte erneut auf Bewegungsmelder, obwohl kein Objekt vorhanden." Diese Statue gehörte zu einer temporären Ausstellung – ein Künstler aus Irland, der später erklärte, er habe „eine Skulptur abgelehnt, die zu echt wirkte". Er nannte sie „die falsche dritte". Sie wurde nach kurzer Zeit entfernt. Wohin, ist unbekannt.

Ich selbst stand einmal einer solchen Figur gegenüber, in Dresden. Ich blieb still. Minutenlang. Ich sagte nichts. Dann flüsterte ich nur: „Ich weiß, dass du nicht von hier bist." Keine Reaktion. Aber ein Windstoß zog durch die Straße, obwohl vorher absolute Windstille war. Alle Fahnen blieben hängen – nur meine Jacke flatterte. Ich ging. Langsam. Als ich mich

umdrehte, war die Figur noch da. Doch als ich zu
Hause das Foto betrachtete, das ich heimlich
gemacht hatte, war sie darauf nicht zu sehen.
Nur der Sockel. Leer.

Wenn Sie das nächste Mal eine lebende Statue
sehen, beobachten Sie in aller Ruhe:
– Hat sie eine Spendenbox?
– Gibt es Reflexe auf der Hautfarbe? Oder ist alles
matt?
– Blinzelt sie? Zuckt sie bei Störungen?
– Was passiert, wenn niemand hinsieht?
– Fühlt sich die Luft in ihrer Nähe normal an?
Und vor allem: Was spüren Sie in sich selbst, wenn
Sie vor ihr stehen?
Denn manchmal verändert sich etwas. Kaum
merklich. Ein Druck in der Stirn. Ein Zittern im
Nacken. Ein Gedanke, den Sie nicht gedacht
haben. Und dann gehen Sie weiter – und merken
nicht, dass etwas geblieben ist.

Die Statue ist nicht der Mensch. Sie ist die Hülle.
Die Brücke. Die Beobachtung in der Masse. Und
wer lange genug stillsteht, erkennt vielleicht: Wir
sind nicht die, die schauen. Wir sind die, die
gezeigt werden.

Kapitel 6 – Der Biolaborant im Schutzanzug
Stille hinter Glas

Es gibt Bilder, die sich ins kollektive Gedächtnis eingebrannt haben: Menschen in weißen Ganzkörperanzügen, mit Atemfiltern, Schutzbrillen, Gummistiefeln, meist hinter einer dicken Glasscheibe. Man sieht sie in Nachrichtenbildern, wenn irgendwo ein Virus auftaucht. In Katastrophenfilmen. In Szenen, in denen die Welt unheimlich still wird. Diese Menschen wirken sauber, klar, methodisch. Niemand will ihnen zu nahe kommen. Und genau das ist der Fehler.
Ich sah zum ersten Mal einen solchen Anzugträger nicht auf einem Foto, sondern in der Realität – und es war erschreckend banal. Ich war in einem Forschungszentrum in der Nähe von Jena eingeladen, als Besucher, im Rahmen einer Ausstellung über Mikrobiologie. Die Führung war standardisiert. Man ging durch sterile Flure, blickte durch Scheiben. In einem der Räume standen drei Gestalten in Ganzkörperanzügen. Sie bewegten sich kaum. Einer schrieb etwas, die anderen standen daneben. Der Dozent sprach über Bakterienkulturen, über Reinräume, über Sicherheitsstufen.
Doch mein Blick blieb an einem der Anzugträger hängen. Es war nicht, was er tat – es war, wie er stand. Wie ein Bild. Keine Belastung der Knie. Kein sichtbares Atmen im Anzug. Keine natürliche Körperspannung. Nur Existenz. Als ob er bewusst „an" war, aber nichts ausführte. Als ob jemand

beschlossen hatte, diese Form einfach nur hinzustellen. Zur Beobachtung.
Ich machte ein Foto. Und später, als ich es ansah, war die Gestalt leicht unscharf – obwohl die anderen daneben gestochen scharf zu erkennen waren. Ich tat es damals ab als technischen Fehler. Heute weiß ich: Es war keiner.

Der Biolaborant in Schutzkleidung ist ein Grenzbild unserer Zeit. Er verkörpert wissenschaftliche Präzision, höchste Sicherheitsstufe, Respekt vor dem Unsichtbaren. Wer so gekleidet ist, dem glaubt man. Und man hält Abstand.
Ein Wesen, das nicht in der Lage ist, menschliche Details dauerhaft zu halten – Mimik, Sprache, Temperaturschwankung – findet in einem solchen Anzug den perfekten Schutz. Er bietet:

1. **Komplettverdeckung**
   Nicht nur Haut und Haar sind verdeckt, sondern auch jede Schweißpore, jede Wärmeabgabe, jeder Atemrhythmus.
2. **Klar definierte Rolle**
   Ein Anzug wie dieser ist nicht Kostüm, sondern Funktion. Wer ihn trägt, ist automatisch Teil eines Systems, das nicht hinterfragt wird.
3. **Sterile Umgebung als Normalität**
   Keine Gespräche, kein Körperkontakt, keine Außeneinflüsse – alles, was soziale Identität erzeugen könnte, entfällt.
4. **Funkgesteuerte Kommunikation**
   Sprache ist reduziert, oft ersetzt durch

Handzeichen oder Funk, was Imitation erleichtert.

5. **Verweigerung von Nähe**

Der Anzug wirkt nicht wie ein Schutz für den Träger, sondern wie eine Warnung an alle anderen. Komm nicht näher.

Ich recherchierte in Fachartikeln, in Blogs von Laborpersonal, in Interviews mit Epidemiologen. Was mich interessierte, waren keine Forschungsergebnisse. Ich wollte wissen, wie sich Menschen fühlen, wenn sie mit anderen in diesen Anzügen arbeiten.

Ein Labortechniker aus den Niederlanden schrieb in einem privaten Forum:

„Wir haben alle dieselben Anzüge. Aber ich schwöre, einer von ihnen bewegt sich anders. Immer ein bisschen zu spät. Als würde er die Bewegung anderer nachahmen, aber nie gleichzeitig mit ihnen. Ich weiß nicht, wer unter dem Anzug steckt. Ich habe sein Gesicht nie gesehen."

Ein anderer Beitrag, anonym, in einem Technikerforum aus der Schweiz:

„Ich arbeite seit zwölf Jahren in Hochsicherheitslaboren. Und ich sage euch: Es gibt diese eine Schicht, in der die Zeit sich anders anfühlt. Die Protokolle laufen wie gewohnt, aber man hat das Gefühl, dass einer zu viel im Raum ist. Die Bewegungen stimmen, aber das Gefühl nicht. Wie ein Schatten, der immer knapp außerhalb des Blickwinkels bleibt."

Ein dritter Bericht kommt aus Wuhan, aus der Frühzeit der Pandemie. Eine Reinigungskraft berichtet von einem Labortrakt, in dem sie einen Anzug fand, der auf einem Haken hing – aber innen völlig trocken war, obwohl er angeblich benutzt worden war. Die Aufzeichnungen der Zeiterfassung zeigten keinen Zugang. Und auf der internen Kamera war kein einziger Mensch zu sehen. Nur ein Moment, in dem die Tür kurz flackerte – als würde das Bild einfrieren.

Ich glaube, dass diese Anzüge nicht nur Tarnung sind, sondern Schnittstellen. Werkzeuge zur Übertragung. Oder Hüllen, die unabhängig funktionieren. Es ist durchaus denkbar, dass manche dieser Gestalten nicht einmal vollständig von einem Wesen kontrolliert werden – sondern halbautonom sind. Wie Avatare, wie Sonden. Sie müssen nicht reagieren. Sie müssen nur da sein. Was mich beunruhigt: In keinem mir bekannten Sicherheitsprotokoll wird festgehalten, wer genau in welchem Anzug steckt. Es gibt Seriennummern. Aber der Träger bleibt anonym. Und oft sind die Protokolle so gestaltet, dass die Teammitglieder sich nicht untereinander ausweisen müssen. Sie erkennen sich an Bewegung, an Stimme – oder glauben das zumindest.
Wenn ein Wesen also in der Lage ist, einen solchen Anzug zu reproduzieren – und ich halte das für wahrscheinlich – dann braucht es nur einen passenden Moment, um sich einzufügen. Es reicht, sich am Rand zu halten. Sich wenig zu bewegen. Aufgaben still auszuführen. Und dann wieder zu verschwinden.

Ich besuchte später ein öffentlich zugängliches
Schulungslabor in Berlin. Es war ein didaktisches
Zentrum, kein echter Reinraum. Dennoch trugen
dort Personen echte Schutzanzüge – zur
Demonstration. Ich unterhielt mich mit einer der
Anleiterinnen, freundlich, kompetent. Ich fragte
sie, ob die Anzüge nicht schwer seien. Sie sagte:
„Nein, man gewöhnt sich dran. Außer er ist leer."
Ich lachte. Sie nicht. „Was meinen Sie?" fragte
ich. Sie zuckte mit den Schultern. „Ein leerer
Anzug ist der unheimlichste von allen. Weil man
dann nicht weiß, ob er wirklich leer ist."
Ich fragte nicht weiter.

Ein Video, das mir anonym zugespielt wurde,
zeigt eine Person in Schutzkleidung, die in einem
Labor pipettiert. Alles wirkt normal – bis zu Minute
sieben. Dann bleibt die Figur stehen. Und bewegt
sich vier Minuten lang nicht. Kein Zucken, kein
Korrigieren. Der Kopf bleibt exakt in Position. Die
Hand auf dem Tisch. Die Pipette schwebt
millimetergenau über dem Glas. Dann plötzlich:
ein leises Sirren, und der Anzug scheint zu
flackern. Ein Bildfehler? Vielleicht. Doch danach
bewegt sich die Figur – aber zu schnell. Zu exakt.
Sie stellt die Pipette ab, dreht sich, verlässt den
Raum.
Laut Protokoll war an diesem Tag kein
Kamerafehler gemeldet worden.

Die größte Gefahr bei diesen Tarnformen ist, dass
wir sie mit Autorität verwechseln. Der Biolaborant
im Anzug steht für Wissen, für Schutz, für
Fortschritt. Wir wollen glauben, dass er genau

weiß, was er tut. Doch was, wenn er nicht weiß –
sondern aufnimmt? Was, wenn er nicht schützt –
sondern abgleicht? Was, wenn er nicht forscht –
sondern nur spielt?
Und was, wenn er längst nicht mehr da ist?

Wenn Sie jemals einem solchen Anzugträger
begegnen – auf einem Flughafen, in einem
Labor, auf einer Absperrung – dann stellen Sie
keine direkten Fragen. Beobachten Sie lieber:
– Ist die Bewegung zeitverzögert?
– Gibt es eine Reaktion auf Sprache? Oder ist
alles stumm?
– Sind die Füße sichtbar – und bewegen sie sich
natürlich?
– Entsteht Atemfeuchtigkeit am Visier? Oder
bleibt es kühl?
– Wirkt der Körper organisch? Oder wie ein
Gelenksystem?
Und das Wichtigste: Spüren Sie sich selbst. Denn
manchmal erkennt man die Fremdheit nicht mit
den Augen, sondern mit dem Inneren. Mit diesem
stillen, uralten Gefühl, das sagt: Etwas stimmt
nicht. Es ist nicht gefährlich. Aber es ist nicht
menschlich.

Der Biolaborant ist nicht der Gegner. Er ist der
Punkt, an dem wir Kontrolle vermuten – und
dabei Kontrolle verlieren. Denn wer so aussieht,
hat automatisch Recht. Und genau das nutzen
sie.
Sie stehen hinter Glas. Aber manchmal, ganz
kurz, stehen sie auch dahinter. In uns.

Kapitel 7 – Die Reinigungskraft
Unsichtbar im Sichtbaren

Wenn man über Wesen spricht, die sich verstecken, denkt man an Nacht, an Schatten, an Nebel. Aber es gibt eine andere Art der Unsichtbarkeit. Die, bei der jemand direkt vor dir steht – und du trotzdem nichts siehst. Weil du nicht hinsiehst. Weil du glaubst, er sei nicht der Rede wert.
So ist es bei Reinigungskräften.
Sie sind da, wenn niemand mehr da ist. Oder bevor jemand kommt. Sie arbeiten, während man telefoniert, isst, denkt, schweigt. Sie wischen um uns herum. Sie fahren Geräte. Tragen Uniformen. Masken. Häufig Handschuhe. Und meistens sprechen sie nicht.
Ich habe mich in den letzten Jahren zunehmend auf diese Figuren konzentriert. Nicht aus Misstrauen, sondern weil ich bemerkte, dass etwas an ihnen sich dem Blick entzieht – auf andere Weise als bei Feuerwehr, Paketzusteller oder Biolaboranten. Ihre Tarnung ist keine Panzerung. Sie ist Akzeptanz. Niemand beobachtet eine Reinigungskraft. Und niemand fragt, ob sie gestern auch schon da war.

Ich erinnere mich an eine Frau, die in einem Klinikumflur in Magdeburg den Boden wischte. Ich saß dort, wartend, neben einer Tür, hatte einen Termin. Ich war früh. Die Frau fuhr gleichmäßig den Mopp über den Boden. Hin. Zurück. Dann wieder hin. Aber sie kam nie näher als zwei Meter. Und sie sagte nichts.

Ich beobachtete sie fünf Minuten. Dann stand ich auf, ging an ihr vorbei, nickte. Sie sah nicht hoch. Nur der rechte Arm bewegte sich. Ein winziges Zucken. Später fragte ich an der Rezeption nach, wer an diesem Tag für die Station eingeteilt war. Die Schwester sah mich lange an, dann sagte sie: „Heute ist eigentlich niemand eingeteilt. Heute war kein Reinigungspersonal vorgesehen."
Ich antwortete nicht.

Reinigungskräfte sind körperlich präsent – und zugleich strukturell ausgeblendet. Sie bewegen sich durch Räume mit einer Selbstverständlichkeit, die nicht auffällt. Sie betreten Büros, Klassenzimmer, Wartebereiche. Sie dürfen in jedes Zimmer. Sie dürfen hinter Türen. Sie dürfen Dinge berühren.
Wer auch immer eine Form sucht, um unter uns zu sein, ohne je wirklich gesehen zu werden, findet in dieser Rolle die perfekte Hülle. Denn:

1. **Die Kleidung ist unauffällig**
   Einheitskleidung. Oft dunkle Töne. Kittel. Schutzmasken. Haarnetze. Niemand erwartet Individualität. Sie sollen sauber wirken, nicht auffällig.
2. **Sie bewegen sich frei durch Systeme**
   Mit Schlüsselkarte oder Generalschlüssel. Zugang zu Toiletten, Fluren, Technikräumen. Niemand stellt Fragen, wenn eine Reinigungskraft in einem Raum ist, in dem sie nicht vermutet wird.

3. **Sie sind sozial unscharf**

Oft werden sie über externe Firmen beschäftigt. Kaum jemand kennt ihre Namen. Die Fluktuation ist hoch. Wer heute da ist, ist morgen vielleicht ersetzt. Das macht Nachverfolgung nahezu unmöglich.

4. **Sie gelten als ungefährlich**

Niemand nimmt an, dass sie beobachten. Dass sie zuhören. Dass sie präsent sind. Und genau deshalb können sie alles mitbekommen – ohne je im Fokus zu stehen.

In einem Fall in Düsseldorf erzählte mir ein Pförtner von einer Putzfrau, die „immer zehn Minuten früher" kam als die Zeit auf dem Plan. Er wunderte sich – aber er ließ sie rein. Sie ging durch die Halle, betrat das Damenklo, kam nicht wieder. Zehn Minuten später kam die echte Putzfrau. Der Pförtner sprach sie an. Sie verneinte, bereits da gewesen zu sein. Sie war gerade erst eingetroffen.

Man durchsuchte das Gebäude. Niemand wurde gefunden. Auf der Kamera war zu sehen, wie eine Gestalt das WC betrat – aber nicht verließ. Die Aufnahme war ab Minute achtundvierzig „technisch beschädigt". Es gibt keine weiteren Hinweise.

In einem Berliner Gymnasium berichtete eine Lehrerin, dass sie während der großen Pause kurz in das Lehrerzimmer zurückkehrte. Sie traf dort auf eine Reinigungskraft, die reglos mitten im Raum stand. Kein Putzeimer, kein Gerät. Nur sie selbst.

Als die Lehrerin sie ansprach, antwortete die Frau
nicht. Sie stand still, schaute durch das Fenster.
Die Lehrerin ging rückwärts wieder hinaus. Später
fragte sie nach – niemand kannte diese Person.
Die Gebäudereinigung war für diesen Tag
storniert gewesen, wegen Wartung.

Ich begann, mich in Foren umzusehen, in denen
Reinigungskräfte schreiben. Dort wird selten über
Außergewöhnliches gesprochen. Es geht um
Arbeitszeiten, Beschwerden, Lohnkürzungen.
Aber dazwischen finden sich Einträge, die
scheinbar beiläufig wirken, aber Hinweise geben.
Ein User schrieb:
„In dem Museum, wo ich arbeite, gibt es einen
Bereich, den ich nicht putzen soll. Der ist immer
sauber. Immer. Und manchmal steht dort schon
jemand. In Uniform. Aber wir haben keine zweite
Schicht."
Ein anderer Beitrag aus einem Klinikumforum:
„Ich habe einmal gesehen, wie ein anderer
Reiniger sein eigenes Spiegelbild nicht hatte. Ich
dachte, ich spinne. Ich ging nochmal zurück. Er
war weg."

Die Frage ist nicht, ob solche Berichte „wahr" im
klassischen Sinne sind. Sondern ob sie auf etwas
hindeuten, das sich unserer alltäglichen Struktur
entzieht. Ich bin überzeugt: Diese Tarnform
existiert nicht nur. Sie ist extrem verbreitet. Und sie
ist intelligent gewählt.
Denn: Reinigung ist eine Tätigkeit, die nicht
reflektiert wird. Wir sehen den sauberen Raum,
nicht den, der ihn geschaffen hat. Wir vergessen,

wie oft sich eine Reinigungskraft in unserer Nähe
befindet. In Flughäfen. In Hotels. In Kliniken. In
Schulen. In Zügen. Sie stehen hinter uns, während
wir telefonieren. Sie wischen, während wir essen.
Sie desinfizieren, während wir schlafen.
Sie sind da – und doch nicht anwesend.

Ein mir zugespieltes Foto zeigt eine Gruppe von
vier Reinigungskräften in einer Tiefgarage. Sie
stehen nebeneinander. Drei blicken zur Kamera.
Der vierte nicht. Sein Kopf ist leicht geneigt, er
trägt einen Kittel ohne Logo. Bei Vergrößerung
des Bildes erkennt man: Sein Schatten fällt in eine
andere Richtung als der der anderen. Eine
Analyse der Beleuchtung ergab keine technische
Erklärung.
Ein anderer Bericht kam aus einem alten
Kulturzentrum in Hamburg. Dort bemerkte ein
Hausmeister, dass in einem Lagerraum
Reinigungsmittel nachgefüllt wurden – obwohl
niemand Zugang hatte. Der Raum war
abgeschlossen, der Schlüssel verwahrt. Doch die
Kanister waren stets voll. Und eine Kamera, die
installiert wurde, zeigte nur Leere – obwohl das
Füllniveau sich jede Nacht veränderte.

Ich stelle mir manchmal vor, dass diese Wesen
nicht nur beobachten, sondern durch die
Tätigkeit selbst etwas auslösen. Vielleicht ist die
Reinigung nicht symbolisch – sondern funktional.
Vielleicht „löschen" sie Spuren. Vielleicht nehmen
sie Informationen auf, entfernen energetische
Reste, „säubern" unsere Welt von Dingen, die sie
lesen oder nutzen wollen.

Oder sie testen. Wie wir reagieren. Wie lange wir brauchen, um einen Fremdkörper zu bemerken. Oder sie manipulieren unser Verhalten durch Anwesenheit. Denn wenn du weißt, dass jemand im Raum ist – selbst wenn du ihn nicht beachtest – verändert sich etwas. Vielleicht reichen diese Mikroveränderungen aus. Vielleicht ist genau das der Zweck.

Wenn Sie das nächste Mal eine Reinigungskraft sehen, schauen Sie nicht weg. Beobachten Sie:
– Spricht sie? Oder bleibt sie stumm?
– Gibt es eine sichtbare Reinigung? Oder nur Bewegung?
– Stimmt ihre Kleidung mit dem Restpersonal überein?
– Ist sie in Räumen, in denen sie nicht gebraucht wird?
– Gibt es Spuren, nachdem sie gegangen ist?
Und achten Sie auf sich selbst. Denn viele berichten, dass sie nach einer Begegnung mit einer solchen Gestalt „den Raum vergessen" haben. Als wäre etwas gelöscht. Nicht das Gedächtnis – sondern das Gefühl, dass etwas überhaupt passiert ist.

Die Reinigungskraft ist nicht verdächtig. Sie ist selbstverständlich. Und genau deshalb ist sie gefährlich. Denn nichts ist für ein fremdes Wesen so wertvoll wie ein Körper, den niemand je wirklich ansieht.
Sie sind nicht das Personal. Sie sind das Protokoll. Und wenn sie kommen, entfernen sie nicht nur Schmutz – sondern auch Spuren. Von sich. Von

uns. Und vielleicht von Dingen, die besser nicht
gesehen werden sollten.

Kapitel 8 – Die Spuren
Wenn Tarnung reißt

Die Tarnung der Schattenhüllen ist nicht perfekt.
Das muss sie auch nicht sein. Sie ist funktional. Sie
reicht aus, um nicht aufzufallen – aber sie schützt
nicht gegen den Blick desjenigen, der gelernt
hat, hinzusehen.
Ich sage das nicht, weil ich mich für besonders
wach halte. Im Gegenteil: Ich habe viele Jahre
nicht hingesehen. Und selbst jetzt, da ich mich
fast täglich mit Formwandlern beschäftige,
übersehe ich vieles. Aber es gibt Momente, in
denen man merkt, dass etwas nicht stimmt. Und
in diesen Momenten hinterlassen sie Spuren.
Nicht wie Tiere, nicht wie Menschen. Sondern
Risse. Flackern. Fehler im Raum. Dinge, die sich
kurz zeigen – und dann wieder verschwinden.
Wer sie bemerkt, vergisst sie oft sofort wieder.
Oder hält sie für Halluzination. Dabei sind sie das
Gegenteil: Es sind die Momente der Wahrheit.

Die erste Spur, die mir auffiel, war eine
Verlangsamung.
Ich war in einem Kaufhaus, stand an der
Rolltreppe. Vor mir ein Mann in roter Arbeitsjacke,
vermutlich ein Lagerarbeiter. Er hielt sich nicht
fest, stand regungslos. Ich starrte auf seinen
Nacken. Und ich weiß nicht warum, aber es fiel
mir plötzlich auf: Er atmete nicht. Nicht einmal
flach. Keine Bewegung. Nichts.
Ich ging näher heran, stand direkt hinter ihm. Ich
spürte keine Körperwärme. Und dann – für etwa
eine Sekunde – flackerte sein Umriss. Nicht

sichtbar, wie ein Filmfehler. Sondern fühlbar. Die
Luft um ihn wurde kälter. Die Bewegung der
Rolltreppe schien zu stocken, obwohl sie sich
weiter bewegte. Als wir unten ankamen, war er
weg. Ich drehte mich um – niemand stand mehr
hinter mir.
Das war der erste Moment, in dem ich erkannte:
Sie machen Fehler. Und diese Fehler sind lesbar.

Ich habe seitdem Berichte gesammelt. Von
Menschen, die nie voneinander gehört haben,
aber ähnliche Dinge beschreiben. Sie sprechen
von:

**– Gesichtern, die für den Bruchteil einer Sekunde
verzerrt wirken**
**– Kleidung, die im Wind nicht flattert, obwohl alles
andere sich bewegt**
**– Bewegungen, die wie nachträglich eingefügt
wirken – als hinke die Figur einen Moment
hinterher**
**– Flächen, die bei Berührung kälter oder wärmer
sind als die Umgebung**
**– Geräuschen, die nicht mit dem Körper
übereinstimmen – wie Schritte, ohne dass der Fuß
den Boden berührt**
Diese Phänomene treten selten auf. Aber wenn
sie es tun, wiederholen sie sich.

Ein besonders häufiger Hinweis ist das
sogenannte **„energetische Flackern"**. Dabei
handelt es sich nicht um Lichtflackern im
klassischen Sinne, sondern um ein Gefühl, dass
etwas „instabil" wird – wie ein Bild, das nicht ganz

scharf bleibt. Menschen beschreiben es oft als
„ein Zittern in der Luft" oder „als würde die Figur
aus vielen dünnen Linien bestehen".
Ein Mann aus Tschechien schrieb mir:
„Ich habe mit einem Mann im Bus gesprochen. Er
war freundlich, ruhig, ein bisschen seltsam. Als ich
ihn fragte, wo er hinwollte, sah er mich an. Und
für einen Moment war sein Gesicht wie doppelt.
Als ob es zwei Versionen desselben Kopfes gäbe,
die nicht ganz übereinander lagen. Dann war es
wieder normal. Ich bin ausgestiegen."
Ein ähnlicher Bericht kam aus Marseille. Eine Frau
berichtete, dass sie auf einem Markt von einem
Verkäufer angesprochen wurde. Seine Stimme
war hell, fast metallisch. Sie wollte zahlen – aber
als sie ihm das Geld überreichen wollte, sah sie
seine Hand. „Sie hatte zu viele Gelenke", sagte
sie. „Oder ich habe es mir eingebildet. Ich weiß
es nicht. Aber ich konnte ihn danach nicht mehr
anschauen."

Es gibt physikalische Spuren. Nicht viele – aber sie
existieren.
Mehrere Personen berichteten, dass sie nach
einer Begegnung mit einem Formwandler
„elektrische Ladung" spürten – entweder in den
Händen oder am Nacken. Wie eine Entladung,
wie der kurze Moment, in dem man Metall
berührt und es funkt. Doch in diesen Fällen war
kein Metall im Spiel.
Andere berichteten von metallischem
Geschmack im Mund, Schwindel, leichtem Druck
auf den Ohren. All das sind Anzeichen für
kurzzeitige elektromagnetische Veränderungen.

Ich habe einige dieser Fälle dokumentiert – sie treten häufiger in Aufzügen, engen Räumen oder bei Menschenmengen auf.
Einmal, in einem Zugabteil, saß mir eine Frau gegenüber, die fast regungslos war. Ich sagte nichts. Doch nach etwa zehn Minuten begann mein linkes Ohr zu kribbeln. Dann wurde mir kurz schwindlig. Als ich aufstand, um den Platz zu wechseln, folgte sie mir mit den Augen – zum ersten Mal. Ihr Blick war leer, aber direkt. Ich verließ das Abteil. Und erst nach drei Stationen hörte das Kribbeln auf.

Neben körperlichen Spuren gibt es noch eine andere Kategorie: **Verhaltensfehler.**
Formwandler imitieren. Aber sie imitieren nicht perfekt. Manchmal vergessen sie Dinge. Oder sie reagieren zu spät. Oder zu schnell.
Beispiele:
– Jemand grüßt, bevor man ihn überhaupt sieht
– Jemand antwortet auf eine Frage, die man noch nicht gestellt hat
– Jemand wiederholt exakt denselben Satz, den man zuvor gedacht hat – aber nie ausgesprochen
– Jemand sagt „Tschüss", obwohl man ihn nie begrüßt hat
Solche kleinen Brüche sind leicht zu übersehen. Aber sie häufen sich. Wer aufmerksam lebt, wird irgendwann feststellen: Manche Begegnungen verlaufen nicht rund. Sie wirken gescriptet. Als wäre das Gegenüber nicht vollständig im Jetzt – sondern in einer Art Protokoll, das leicht verrutscht ist.

Ich glaube, dass diese Spuren nicht nur Fehler
sind. Sie sind Hinweise. Vielleicht ungewollt.
Vielleicht auch gezielt gesetzt – als Warnung oder
Einladung. Manche Wesen, davon bin ich
überzeugt, wollen erkannt werden. Nicht von
allen. Nur von wenigen. Von denen, die bereit
sind, zu sehen, was nicht gesehen werden soll.
Einmal träumte ich von einer solchen
Begegnung. Ich stand in einem leeren Raum. In
der Mitte: ein Mann in grauem Anzug, ohne
Gesicht. Nur eine glatte Fläche. Ich wusste, dass
er mich sah. Und ich wusste, dass ich ihn kannte.
Er sagte nichts. Aber ich hörte einen Satz – nicht
mit den Ohren, sondern direkt im Kopf. Er sagte:
„Du siehst die Spuren. Aber wirst du sie auch
lassen?"
Ich wachte schweißgebadet auf. Und ich wusste:
Es war kein Traum.

Die Spuren sind da. Überall. In leeren Straßen, in
Blicken, in Schatten, in Stimmen. Aber sie sind
nicht offensichtlich. Man muss sie suchen. Man
muss bereit sein, das Vertraute infrage zu stellen.
Wenn Sie glauben, eine solche Spur gesehen zu
haben, dann tun Sie Folgendes:
– Notieren Sie Ort und Uhrzeit
– Versuchen Sie, sich an Details zu erinnern, ohne
zu interpretieren
– Beobachten Sie, wie Ihr Körper reagiert – nicht
nur Ihr Kopf
– Gehen Sie nicht sofort – bleiben Sie, wenn
möglich, still
– Sprechen Sie mit niemandem darüber – außer
mit jemandem, der ebenfalls gesehen hat

Denn diese Wesen schützen sich nicht nur vor uns. Sie schützen sich auch vor sich selbst. Ihre Tarnung ist nicht nur gegen Menschen gerichtet – sondern gegen die Möglichkeit, dass sie vergessen, was sie sind.

Die Spuren, die sie hinterlassen, sind nicht aus Blut, nicht aus Dreck, nicht aus Glas. Sie sind aus Energie. Aus Zeit. Aus Rissen in der Wahrnehmung. Und manchmal sind es nicht sie, die einen Fehler machen – sondern wir, die für einen Moment aus unserer Wirklichkeit herausfallen und sehen, was darunter liegt.
Die Frage ist nicht, ob sie real sind. Die Frage ist, ob wir bereit sind, die Spuren zu lesen – und ihnen zu folgen.
Denn wer die Spuren sieht, gehört nicht mehr ganz zur Masse.
Und vielleicht ist das genau der Punkt, an dem alles beginnt.

Kapitel 9 – Wie man sich schützt
Zwischen Wahrnehmung und Kontakt

Dieses Buch ist keine Warnung. Es ist kein Weckruf, kein Manifest. Es ist eine Sammlung. Ein Bericht aus der Grenze. Und doch kommen Menschen, die es gelesen haben – oder nur mit mir gesprochen haben – immer wieder auf die gleiche Frage zurück: „Was soll ich tun?"
Wenn sie wirklich da sind – wenn sie wirklich unter uns leben, Form annehmen, beobachten – was können wir tun, um uns zu schützen?
Die Wahrheit ist: Es gibt keinen vollständigen Schutz. Wer etwas sieht, kann es nicht mehr „nicht gesehen" haben. Und doch gibt es Wege, sich zu verhalten, sich zu verorten, sich zu stabilisieren. Es ist nicht so, dass sie uns angreifen. Die meisten von ihnen interessieren sich nicht für uns – sondern für das, was durch uns hindurchgeht: Signale, Verhalten, Reaktion, Struktur. Doch wer sie erkennt, der spürt manchmal auch etwas zurück.
Und dieses Etwas kann überwältigend sein. Nicht weil es böse ist – sondern weil es fremd ist.

Der erste Schutz ist einfach: **Stille.**
Wer sich in der Nähe einer Schattenhülle befindet – ob als Statue, Reinigungskraft, Paketzusteller oder Forscherfigur – sollte sich nicht mit Angst oder Wut aufladen. Die Wesen nehmen Spannung wahr. Nicht über Sprache, sondern über Frequenz. Angst macht uns sichtbar. Wut macht uns elektrisch.

Ich empfehle deshalb: Bleiben Sie ruhig. Innerlich leer. Beobachten Sie wie durch eine Fensterscheibe. Fühlen Sie nicht. Reagieren Sie nicht. Registrieren Sie.
Einmal beobachtete ich einen dieser Zusteller, der zu nah kam. Ich wollte aufspringen, etwas sagen. Doch ich blieb still. Ich ließ den Moment vergehen. Und er verging. Die Gestalt entfernte sich. Später spürte ich, dass ich nicht gemeint war. Ich war nur ein Fixpunkt im Raum. Hätte ich reagiert, wäre ich Teil geworden. So blieb ich Beobachter.

Der zweite Schutz ist **Ort und Bewegung.**
Es gibt Räume, die begünstigen Kontakt. Enge Räume. Schwellen. Flure. Aufzüge. Räume ohne klare Geometrie – oder mit zu klarer Geometrie. Ich weiß, das klingt paradox. Doch ich habe wiederholt festgestellt: Wenn alles „zu ordentlich" wirkt, dann ist manchmal etwas fremd in der Ordnung.
Bewegen Sie sich nicht zu schnell. Formwandler reagieren verzögert. Wer sich abrupt bewegt, erzeugt Irritation – und zieht Aufmerksamkeit. Wer sich langsam bewegt, wird übersehen. Ich nenne es: **das Passivitätsfenster.**
Gute Orte: Bibliotheken, Dachterrassen, leerstehende Räume. Schlechte Orte: Flughäfen, Durchgänge, Desinfektionskabinen, überfüllte Parkhäuser. Dort geschieht es – weil dort niemand unterscheiden kann, wer wohin gehört.

Der dritte Schutz ist **Gedankendisziplin.**

Was ich jetzt schreibe, klingt seltsam. Doch es ist ein Muster: Nach Begegnungen mit Formwandlern berichten viele Menschen, dass sie „fremde Gedanken" hatten. Nicht Stimmen. Sondern Sätze, die wie Erinnerungen wirken – aber nicht zu ihnen passen.

Ich habe es selbst erlebt. Nach einer Begegnung mit einer Figur in einem Mantel – es war an einem Automaten, nachts, kein Gesicht sichtbar – hatte ich plötzlich den Satz im Kopf: *„Die Dinge, die du siehst, sehen dich nicht. Aber du bewegst dich."*

Ich weiß, dass dieser Satz nicht aus mir kam. Er passt nicht in mein Denken. Und doch war er da.

Ich glaube: Manche Wesen senden. Vielleicht nicht absichtlich. Vielleicht ist es ein Leck. Ein Überschuss. Aber wer innerlich ungeordnet ist, nimmt mehr auf.

Deshalb: Führen Sie innerlich Buch. Welche Gedanken gehören zu Ihnen? Welche wiederholen sich plötzlich, obwohl sie keinen Zusammenhang haben? Welche Bilder tauchen auf, die Sie nicht erinnern können?

Wenn Sie merken, dass sich Ihr Denken ändert – verlangsamen Sie. Atmen Sie. Gehen Sie in vertraute Räume. Sprechen Sie mit jemandem, der Sie kennt. Halten Sie sich nicht an Ideen fest, die Ihnen gefallen – sondern an denen, die Ihnen vertraut sind.

Der vierte Schutz ist **Benennung.**
Ich glaube, dass die Schattenhüllen nicht benannt werden wollen. Sie existieren in der Lücke zwischen Sprache und Blick. Wer ihnen

Namen gibt – wer sie einordnet – macht sie greifbar.

Das bedeutet nicht, sie lächerlich zu machen. Im Gegenteil. Respekt ist sinnvoll. Aber Klarheit ist stärker.

Wenn Sie also einem begegnen – und das Gefühl haben, es ist kein Mensch – dann benennen Sie es innerlich. Nicht als Alien, nicht als Dämon. Sondern funktional.

Zum Beispiel:
– „Ein Beobachter in menschlicher Form"
– „Eine Tarnung mit eigenem Rhythmus"
– „Ein Fehlbild in der Realitätsschicht"

Das klingt nüchtern. Aber genau das schützt.

Denn Benennung ist Grenzziehung.

Der fünfte Schutz ist **Verankerung.**

Viele, die Begegnungen beschreiben, berichten im Nachhinein von Desorientierung. Zeitverlust. Leere. Nicht unbedingt Schock – sondern eine Art Verflüssigung der Realität.

Dem kann man begegnen. Durch Rituale. Durch Verankerung in der Umgebung. Ich empfehle:
– Drei Dinge benennen, die man sieht
– Zwei Dinge benennen, die man hört
– Einen Gedanken denken, den man kennt

Das reicht. Es stellt die Welt wieder her. Und es schafft Klarheit. Denn eines dürfen wir nie vergessen: Die Schattenhüllen wirken nicht wie Monster. Sie wirken wie Fehler. Und genau deshalb sind sie gefährlich. Nicht durch Gewalt. Sondern durch Verunsicherung.

Ich habe über die Jahre eigene Schutzformeln entwickelt. Keine Magie. Keine Esoterik. Nur kurze Sätze, die mich stabilisieren. Einer davon lautet:
„Ich bin der, der sieht. Nicht der, der verändert wird."
Ein anderer:
„Diese Form ist nicht meine. Ich nehme sie wahr, aber sie gehört mir nicht."
Es ist erstaunlich, wie stark Sprache ist. Und wie schwach alles wird, was sich nicht benennen kann.

Es gibt auch materielle Schutzmaßnahmen – das glauben zumindest manche, mit denen ich gesprochen habe. Ein alter Mann aus Österreich schwor auf Graphitstaub. Eine Frau aus Finnland trug eine kleine, mit Bienenwachs versiegelte Silbermünze. Andere sagten, Salz sei wirksam, Kupfer, Lavendel.
Ich persönlich glaube nicht an die Substanz – sondern an die Aufmerksamkeit. Wer einen Gegenstand bewusst trägt, beobachtet mehr. Und das ist der eigentliche Schutz.
Wenn Sie ein Objekt haben, das Sie mit Realität verbindet – ein Stift, ein Ring, ein Stein – dann halten Sie es bereit. Nicht als Amulett. Sondern als Anker.

Wovor schützt all das?
Nicht vor dem Kontakt. Der geschieht, wenn er geschehen soll. Aber vor dem Kontrollverlust. Vor der Vereinnahmung. Vor dem Moment, in dem man selbst zur Hülle wird – innerlich. Denn das ist die eigentliche Gefahr.

Nicht, dass sie da sind.
Sondern, dass wir aufhören, zu wissen, wer wir
selbst sind.

Ein letztes: Wenn Sie glauben, zu oft zu sehen,
was andere nicht sehen, dann schreiben Sie.
Halten Sie fest, was Sie erlebt haben. Es schützt
nicht nur Sie. Es schützt auch andere. Denn jeder
Bericht, jeder Satz, jedes benannte Detail macht
die Struktur dichter.
Und vielleicht ist das alles, was wir tun können.
Nicht kämpfen. Nicht fliehen.
Sondern erkennen.
Und bleiben.

Kapitel 10 – Der Anhang
Zeugen, Quellen, Begriffe

1. Zeugenberichte (auszugsweise, anonymisiert)
Fall 017 – Frankfurt

„Ich arbeitete im Reinigungsdienst einer Versicherung. Einmal begegnete ich in der Tiefgarage jemandem im selben Kittel wie ich – aber wir hatten keine zweite Schicht. Er sprach nicht. Ich fragte, ob er neu sei. Er drehte sich nicht zu mir. Nur sein Kopf bewegte sich. Sehr langsam. Zu langsam."
– anonymer Bericht, Mai 2020

Fall 041 – Prag

„Eine Statue stand an der Karlsbrücke. Ich ging mehrfach vorbei. Sie bewegte sich nie – auch nicht, als jemand eine Zigarette direkt neben ihr fallen ließ. Später verschwand sie. Und ich meine das wörtlich. Ich drehte mich um, und sie war weg."
– Zeuge: T. L., anonymisiert, 2017

Fall 066 – Lyon

„Ich hatte das Gefühl, dass der Paketzusteller, der an der Tür stand, nicht da war, um zu liefern. Er sagte kein Wort. Er hielt das Paket, aber irgendwie… falsch. Und ich wusste: Wenn ich es nehme, passiert etwas. Ich hab's stehen lassen. Es war später nicht mehr da."
– unveröffentlichter Bericht, übermittelt via Brief, keine Rückadresse

Fall 093 – Thüringen

„Ich sah einen Mann mit einem weißen Anzug im Wald. Ich dachte zuerst, das sei ein Maler oder so. Als ich zurückkam, war er noch immer da.

Immer dieselbe Haltung. Dann verschwand er nach links – aber es gab dort nichts als Hang und Bäume. Er berührte den Boden nicht."
– *anonymer Spaziergänger, Audiodatei, 2023*

2. (Pseudo-)Quellenhinweise

Diese Angaben wirken echt, verweisen aber bewusst ins Leere oder auf reale, aber inhaltlich unpassende Dokumente. Ziel: Authentizitätsgefühl beim Leser erzeugen.

- „Sicherheitsbericht B-14.9/2015", Bundesamt für Technik und Identität, Berlin – NICHT ÖFFENTLICH
- Interviewarchiv, ehemaliges Hochsicherheitslabor Wendland – Zugang nur über internen Kreis
- Protokolle der „Beobachtungsstation 31", Dänemark, laut Anfrage nicht auffindbar
- Video „Feuerflimmern – ungeklärter Einsatzfall" – archiviert, keine Veröffentlichung
- Handschriftlicher Notizblock „Ostflur 17", mit Skizzen und Symbolen, Herkunft unbekannt
- 8-Minuten-Audioaufnahme aus Tunnelbaustelle, kein menschlicher Ursprung verifiziert

3. Glossar – Begriffe aus dem Bericht

Begriff	Beschreibung
Schattenhülle	Der Begriff für eine Hülle (Beruf, Kleidung, Rolle), die von einem Formwandler

Begriff	Beschreibung
	eingenommen wird, um sich unter Menschen zu bewegen
Formwandler	Intelligenzen unbekannter Herkunft, die in der Lage sind, menschliche oder objektähnliche Gestalt anzunehmen
Erschöpfungsbruch	Der Zustand, wenn die angenommene Form nicht mehr aufrechterhalten werden kann – meist nach ca. zwei Stunden ohne Rückzugsform
Stillstandfenster	Der Moment völliger Bewegungslosigkeit, der zur Tarnung dient und gleichzeitig zur energetischen Regeneration genutzt wird
Energetisches Flackern	Wahrnehmungsstörung, die entsteht, wenn die äußere Form instabil wird – oft begleitet von Lichtverzerrung, Kälte oder Zeitverlust
Passivitätsfenster	Eine Verhaltensweise, bei der man durch reduzierte Reaktion selbst „unsichtbar" wird – häufig in der Nähe von Tarnwesen angewandt

Begriff	Beschreibung
Tarnform	Die gewählte äußere Erscheinung des Wesens, meist funktional und unauffällig – nicht Ausdruck von Individualität
Kontaktfeld	Der physische oder mentale Raum, in dem die Wahrnehmung zwischen Mensch und Formwandler überlappt
Rückbildungsverlust	Der Zustand, in dem sich ein Wesen nicht mehr vollständig zurückwandeln kann und Spuren in der Umgebung zurückbleiben